ÉTUDES RÉTROSPECTIVES
SUR
L'ÉTAT DE LA SCÈNE TRAGIQUE
DEPUIS 1815 JUSQU'EN 1830.

PIERRE VICTOR.
Recherches artistiques et littéraires sur sa carrière théâtrale,

Par Armand Baron

AUTEUR DE LA BIOGRAPHIE DES HOMMES DU JOUR.

A PARIS.
Chez P.-H. KRABBE, QUAI SAINT-MICHEL, 15.
— PILOUT, RUE DE LA MONNAIE, 24.

1843.

DE L'ÉTAT
DE
LA SCÈNE TRAGIQUE
DEPUIS 1815 JUSQU'A 1830,

Paris. —Imprimerie d'A.-T. Breton et C°, r. Montmartre, 131.

ÉTUDES RÉTROSPECTIVES

SUR

L'ÉTAT DE LA SCÈNE TRAGIQUE

DEPUIS 1815 JUSQU'A 1830.

PIERRE VICTOR.

Recherches artistiques et littéraires sur sa carrière théâtrale,

Par Germain Sarrut,

AUTEUR DE LA *BIOGRAPHIE DES HOMMES DU JOUR.*

A PARIS,

Chez P.-H. KRABBE, QUAI SAINT-MICHEL, 15.
— PILOUT, RUE DE LA MONNAIE, 24.

1843.

PRÉAMBULE.

S'il n'est point d'art qui produise d'aussi puissants effets que l'art théâtral, il n'en est pas non plus dont les traces soient aussi fugitives. Faute de productions matérielles, l'artiste dramatique ne laisse après lui qu'un nom et un souvenir bientôt effacés ; privé de l'exemple des talents qui ne sont plus et de la ressource des études comparatives, il lui est difficile de mettre à profit le passé, et il ne peut contribuer que faiblement aux progrès de son art dans l'avenir.

Écrire la vie théâtrale ou artistique de l'acteur, tracer l'historique de ses travaux, recueillir les traditions de son jeu, voilà à peu près tout ce qu'il est possible de faire pour donner quelque idée de son talent à ses successeurs.

Les mémoires et les biographies dramatiques ne manquent pas ; mais la plupart concernent bien plus la vie privée des comédiens que leur existence scénique ; rarement ces travaux littéraires sont conçus dans l'intention d'offrir aux jeunes gens qui se destinent à la carrière théâtrale des enseignements utiles. Pour atteindre ce but, il faudrait que ces sortes d'ouvrages présentassent une appréciation raisonnée du jeu des acteurs dont ils rappellent le souvenir, un examen suivi de leurs études et de leurs progrès, une analyse impartiale de leurs qualités et de leurs défauts; il faudrait, pour donner à ce travail l'ensemble et les développements nécessaires, l'étendre à tous les sujets de quelque mérite qui ont concouru à la représentation des chefs-d'œuvre de la scène française (1).

Ce sont ces considérations qui m'ont engagé à consacrer une étude rétrospective au talent d'un acteur que le public applaudit longtemps sur nos deux scènes tragiques, et dont la retraite prématurée inspire encore aujourd'hui des regrets. C'est dans cet esprit d'utilité et d'investigations artistiques que j'ai conçu mon travail. J'ai surtout cherché à le rendre instructif, à en faire un livre sérieux où l'acteur pût trouver des exemples utiles à ses études et à sa conduite.

Les recherches minutieuses auxquelles je me suis livré pour la rédaction de la *Biographie des Hommes du Jour* m'ont amené à penser qu'entre tous les acteurs de l'époque encore vivants, M. *Pierre* Victor était celui dont la vie théâtrale était la plus pleine de faits intéressants et d'enseignements utiles pour l'histoire de la scène, et qui méritaient d'être recueillis. J'ai donc entrepris ce travail (2).

Tout entier à son art et jaloux de profiter des avis qui lui étaient donnés, P. Victor, depuis son entrée au théâtre, avait formé, pour son instruction, un recueil d'articles de journaux, de notes et de documents; il a bien voulu les mettre à ma disposition. C'est avec ces matériaux, joints à mes propres souvenirs,

---

(1) L'ESQUISSE d'une revue de ce genre a été tracée, en 1810, par Lemazurier, secrétaire du comité du Théâtre-Français, sous le titre de *Galerie historique du Théâtre-Français depuis* 1600 *jusqu'à nos jours*, 2 vol. in-8°.

(2) Il a paru sur Pierre Victor, avant qu'il quittât le théâtre, plusieurs autres notices biographiques, mais fort succinctes et la plupart inexactes dans leurs jugemens. (Voir aussi dans la *Biographie des Hommes du jour* les notices consacrées à MM. VICTOR, LIGIER, JOANNY, SANSON, MONROSE, BOCAGE, VOLNYS, Mmes MARS, PARADOL, MANTE, RACHEL, GEORGE, DORVAL, etc., etc.)

que j'ai composé cet ouvrage. Je ne serai donc que l'écho de l'opinion *de son temps*; je ne ferai que retracer les impressions qu'il a produites sur ses auditeurs, rapporter les jugements émis par les feuilles les plus accréditées et par les littérateurs les plus distingués de l'époque. C'est à *Sauvo, Duviquet, Salgues, Maltebrun, Lemercier, Ricord, Martainville, Fabien Pillet, Mely-Janin, Arnault*, etc., etc., que seront empruntés mes éloges et mes critiques.

L'histoire d'un acteur est nécessairement liée à celle des auteurs et des artistes avec lesquels il a été en rapport. Aussi cet écrit fera-t-il mention d'un grand nombre de notabilités littéraires et théâtrales; il y sera souvent question de *Talma*. J'y parlerai aussi des abus qui n'ont pas cessé, depuis ce temps, de paralyser l'art théâtral; j'y consignerai enfin tout ce qui pourra donner une idée de l'état du théâtre français et des vicissitudes de la littérature dramatique pendant la période que cette revue embrasse. — « Le problème de la biographie, — a dit Goëthe, — est de présenter l'homme dans ses relations avec son siècle et ses contemporains, de montrer comment il a été contrarié ou favorisé dans ses entreprises, comment il s'est formé des idées du monde et des hommes, et enfin, s'il est artiste, poète ou auteur, comment il a communiqué ses idées aux autres. » — Je me suis efforcé de remplir, autant qu'il était en moi, ces diverses conditions.

Lorsqu'un heureux retour à l'admiration de nos anciens chefs-d'œuvre a fait reconquérir à la tragédie la faveur publique, tout ce qui concerne le petit nombre d'artistes qui se sont distingués dans ce genre important et difficile m'a paru fait pour intéresser les amis de l'art. Cette réaction doit naturellement reporter leurs regards sur un des sujets qui soutinrent la tragédie avec le plus d'éclat, du vivant même de Talma, alors qu'elle commençait déjà à être en butte aux attaques de ses détracteurs.

Le public est oublieux, en fait d'acteurs surtout. Ainsi que le disait le grand tragique, « *le comédien qui se retire du théâtre sort réellement de la vie.* » Aucun, peut-être, n'offre un exemple plus frappant de cette vérité que P. Victor, dont le nom, naguère célèbre, est aujourd'hui à peine mentionné dans les nombreux écrits consacrés, depuis quelque temps, à la tragédie et aux tragédiens. Il m'a paru juste de réparer cette omission, cet oubli. Une place était due dans la galerie des acteurs contemporains à celui qui, seul, était désigné comme appelé à recueillir un jour la succession de Talma.

P. Victor fut un des derniers dépositaires de ces grandes et belles traditions qui avaient si longtemps soutenu l'éclat de la scène française, et dont il ne reste aujourd'hui presque plus de traces. Elles lui avaient été transmises par Larive, Saint-Prix, Saint-Phal, disciples intelligents de l'école des Lekain et des Clairon. Il se distinguait par un jeu franc et élevé, plein de fougue et de chaleur; mais la fierté et l'emportement qu'il montrait sur la scène, il les avait aussi dans l'âme. Son caractère tenait de l'esprit d'indépendance et d'exaltation propre aux personnages qu'il représentait. Il ne put se soumettre à toutes les exigences de sa profession; il ne put se plier aux volontés arbitraires de ses chefs, auxquelles il essaya de résister en signalant au public leur despotisme. Il refusa aussi de prêter son concours aux partisans d'un système d'obscurantisme qui tendait à dégrader l'art et l'artiste; il aima mieux descendre de la scène que d'en partager l'avilissement; et les journaux, la plupart dévoués à cette coterie, pour le punir de sa résistance, pour se venger de ses révélations, firent mieux que le combattre, ils gardèrent le silence, sachant que, dans le monde dramatique, le silence tue.

La carrière théâtrale de P. Victor a un caractère à part, une physionomie particulière; elle présente une série de luttes et d'entraves, une réunion de mérites et de travaux qu'on ne rencontre dans la vie d'aucun autre artiste contemporain. Ce n'est pas en simple acteur qu'il l'a parcourue : il s'y est aussi distingué comme écrivain et comme citoyen. Voué, en quelque sorte, corps et âme à son art, il lui a consacré toutes ses facultés; il l'a servi par l'exemple et par le précepte, par son jeu et par ses écrits, par ses efforts courageux pour soutenir contre un pouvoir réactionnaire la dignité de la scène française et les droits de l'artiste; et il s'est acquis des titres à la reconnaissance de tous ceux qui sentent combien ces grands objets tiennent aux mœurs et à la gloire nationales.

Le malheur de P. Victor est d'être arrivé à une époque peu faite pour favoriser son émulation et ses progrès; il a commencé et fini sa carrière sous la Restauration; en lutte constante avec un pouvoir qui voulait imprimer à tout un mouvement rétrograde, il a pris une part active, en ce qui touchait son état, à l'opposition qui combattit pendant quinze ans cette déplorable tendance. La défaveur dont les théâtres étaient frappés, les préoccupations politiques des esprits, les atteintes portées à notre littérature nationale, et, à côté de cela, le talent supérieur, la réputation immense de Talma, tout concourait à rendre la tâche de Victor rude et ingrate.

Les entraves et les déboires qu'il a éprouvés au théâtre ne sont pas ignorés, mais on connaît moins les difficultés qu'il avait déjà rencontrées avant d'y entrer. Il y est arrivé déjà fatigué des luttes qu'il avait eu à soutenir pour suivre cette carrière, et tout son avenir s'en est ressenti. Au milieu de ses découragements, le public n'a jamais cessé de lui être favorable, mais il ne pouvait toujours rendre au jeune acteur le calme et la confiance nécessaires pour remédier à l'effet que le découragement produisit quelquefois sur son jeu.

Si toutes ces circonstances n'ont pas permis à P. Victor d'occuper dans la hiérarchie théâtrale le rang auquel il devait aspirer, il n'en a pas moins fait preuve d'un talent qui a laissé d'honorables souvenirs dans l'esprit des appréciateurs éclairés de l'art théâtral. Il a joué, sur tous les théâtres où Talma avait paru, les rôles les plus difficiles auxquels ce grand tragédien avait apposé son cachet, et nul acteur n'a soutenu avec autant de bonheur cette périlleuse épreuve; le premier, P. Victor a osé, sur le Théâtre-Français même, se montrer dans des rôles que le talent du maître semblait avoir rendus inabordables à ses disciples. Il a honorablement partagé à l'Odéon, avec Joanny, le premier emploi tragique. Ce sont là des faits; et de tels faits en disent plus que beaucoup d'éloges.

P. Victor voyait dans le théâtre un art sérieux et utile, appelé à exercer sur l'esprit public une grande influence. L'élévation de ses vues artistiques lui faisait déplorer les entraves opposées à l'accomplissement de cette haute mission, et c'est ce qui l'a entraîné dans cette vie de luttes et de débats où il a sacrifié ses propres intérêts à son amour de l'art. Zélateur du progrès, il se voyait avec peine réduit, par les coutumes routinières de la scène, à l'impossibilité d'y apporter les améliorations qu'elle réclame; il comprenait la tragédie en homme lettré et instruit; il possédait ce sentiment tragique qui se révèle dans l'émotion de la voix et dans l'expression de la physionomie; ce qui le distinguait surtout, c'était le rare mérite de n'imiter personne et d'être lui.

Son talent a éprouvé, dans le cours de sa carrière, plusieurs variations; il était même assez journalier. Non seulement il avait ses bons et ses mauvais jours, mais il lui arrivait encore de ne pas toujours se soutenir à la hauteur de son rôle pendant toute la pièce. Ce n'est pas qu'il n'en eût étudié toutes les parties avec le même soin; mais, d'un caractère préoccupé et inquiet, manquant d'assurance, il se décourageait facilement, et se livrait ou se retenait, selon les dispositions d'esprit qui l'affectaient. Il lui fallait de vifs applaudissements pour l'enhardir, de fortes situations pour l'entraîner. Il en est résulté qu'on l'a jugé très diversement, et que quelquefois le même critique a exprimé à son égard des opinions très différentes.

Quels que fussent ses défauts, P. Victor était sans contredit, je le répète, celui des jeunes acteurs qui pouvait un jour, avec du travail, le mieux remplir la place que Talma a laissée vacante. Cette opinion était celle de Talma lui-même, qui n'avait jamais flatté son jeune émule, et qui l'avoua peu de temps avant sa mort. Nul après Talma ne portait aussi bien la toge, ne possédait aussi parfaitement l'art de se draper et de se costumer ; il le devait à l'avantage de joindre à des études historiques et à ses connaissances variées un talent distingué comme dessinateur.

Artiste dans toute l'étendue du mot, il était de plus littérateur et poëte : on sait qu'il est auteur d'une tragédie *(les Scandinaves)* jouée avec succès à l'Odéon, dans laquelle il eut le courage *inouï* de remplir, à la première représentation, le principal rôle. L'on assure que cette pièce eût été suivie de plusieurs autres si l'auteur n'eût point quitté le théâtre.

A quelles causes malheureuses, à quelles circonstances extraordinaires faut-il attribuer la perte d'un sujet appelé à rendre tant de services à la scène française ? Comment, après tous les attraits qu'au milieu de ses tribulations le théâtre a dû lui offrir, a-t-il pu résister au désir d'y rentrer ? C'est ce que se demandent souvent les amis de l'art, et ce qui sera expliqué dans le cours de ce recueil. Longtemps ses camarades n'ont pu croire qu'après tout l'amour que lui avait inspiré la muse tragique, et le retour dont elle l'avait payé, il l'eût pour jamais abandonnée. — « C'est, disaient-ils, un amant qui boude sa maîtresse. » — Lorsqu'on connaît tous les obstacles que cette passion a combattus pour se satisfaire, lorsque l'on considère toutes les séductions faites pour attacher l'acteur au théâtre, on ne sait ce dont il faut le plus s'étonner, que Victor ait pu parvenir à l'aborder, ou qu'il ait pu se résoudre à le quitter.

I.

Origine de Pierre Victor. — Sa famille. — Ses dispositions dramatiques. — Mademoiselle Maillard et mademoiselle Rachel. — Les rôles des contributions. — Larive. — Escapade dramatique. — Décret de Moscou sur le Conservatoire. — Examen subi par Pierre Victor. — Sa famille s'oppose à son entrée au Conservatoire. — Son arrestation. — La garde d'honneur. — La suite du *Mémorial de Sainte-Hélène.* — Rencontre des comédiens français près d'Erfurt. — Retour à Paris. — Nouvelles persécutions. — Le comte Hullin. — Invasion. — La garde d'honneur est licenciée.

Pierre VICTOR, né à Pontarlier (Doubs) vers la fin de notre grande tourmente révolutionnaire, appartient à une famille dont plusieurs membres se sont distingués dans les sciences (1) et dans la carrière administrative. Son père (2), homme énergique et d'une haute capacité, était en l'an II, sous le titre de *commissaire national*, à la tête du ministère des secours publics. Il donna à son fils une éducation brillante, favorable à la

---

(1) Parmi les membres de la famille de Pierre Victor on distingue son bisaïeul Anel (Dominique), chirurgien militaire, qui publia, pendant les vingt premières années du dernier siècle, une série d'observations et de mémoires qui lui acquirent une grande renommée; le premier, il proposa d'opérer les anévrismes d'après la méthode que l'on a trop longtemps attribuée faussement à Hunter.

(2) Pierre René Lerebours; il fut mis hors la loi avec les autres ministres, le 9 thermidor, et échappa miraculeusement à la guillotine.

culture de l'art théâtral, mais peu faite pour s'accorder, sous plusieurs rapports, avec la profession de comédien.

Dès l'enfance, P. Victor montra un goût prononcé pour les jeux de la scène. A l'âge de huit ans, il s'était amusé à construire, à Aix-la-Chapelle, dans la maison où naquit depuis une de nos femmes poètes les plus distinguées, Delphine Gay (madame Émile de Girardin), un petit théâtre où, réuni à plusieurs camarades de son âge, il cumulait les fonctions d'acteur, d'auteur et de décorateur. Pour le détourner de ses penchants dramatiques, on se hâta de le mettre au collège, et on l'envoya au Prytanée de Paris. Les heureuses dispositions du jeune élève lui valurent, dans un examen passé devant les inspecteurs de l'instruction publique, l'avantage d'être reçu boursier. Il fut placé en cette qualité au lycée de Mayence, d'où il vint au lycée de Rennes achever ses études avec autant de succès qu'il les avait commencées.

Tout en manifestant de bonne heure son inclination pour le théâtre, P. Victor paraît n'avoir songé que beaucoup plus tard à en embrasser la profession. Sa position sociale, malgré tout l'amour que lui inspirait l'art, avait longtemps écarté de son esprit l'idée de s'en faire un état, et il se serait probablement borné à le cultiver en amateur, s'il en eût trouvé l'occasion. Son entrée au théâtre éprouva de la part de sa famille une opposition longue et opiniâtre, qui ne tarda pas à faire une passion d'un goût qui se serait peut-être éteint de lui-même, s'il eût pu se satisfaire plus librement.

Dans un voyage que P. Victor fit à Aix-la-Chapelle, après être sorti du collège, les jeux de son enfance vinrent se retracer à son souvenir; il se demanda pourquoi un préjugé absurde l'arrêterait, et, d'abord indécis, il s'enhardit bientôt à le braver. Il venait d'assister, pour la première fois, aux représentations du Théâtre-Français, où brillaient encore Saint-Prix, Talma, Damas, Lafon, Mlle Raucourt, Me Duchesnois, et cette jeune Maillard (1) qui n'a fait, comme lui, que passer sur la scène; talent trop tôt oublié, qui semble se reproduire aujourd'hui dans l'actrice à laquelle la tragédie doit sa renaissance. Mlle Rachel a, dans son organisation physique et dans ses facultés intellectuelles, plus d'un rapport avec Mlle Maillard. Elle se distingue, comme elle, par son expression tragique, par l'énergie de sa diction, par la noble simplicité de ses poses. A ces divers avantages Mlle Maillard joignait une sensibilité touchante qui manque à Mlle Rachel. A la vue de ces grands artistes, P. Victor se sentit transporté, et un secret sentiment de ses forces le fit aspirer à marcher sur leurs traces.

Son père, alors directeur des contributions et du cadastre du département de la Sarthe, l'avait fait placer dans ses bureaux comme surnuméraire, et sur la promesse du ministre des finances il espérait lui laisser un jour sa place; mais les *rôles* des contributions n'étaient pas ceux qui convenaient à P. Victor. Les représentations que vint donner au Mans un tragédien nommé Leclerc, qui n'était pas sans mérite, achevèrent de lui monter la tête et d'échauffer son imagination; son goût pour le théâtre, fortifié par un caractère ardent et mélancolique, l'emporta bientôt sur toutes les considérations sociales; il ne connut plus de bonheur que celui de jouer la tragédie.

Sur le désir qu'il avait témoigné à son père, quelque temps auparavant, de s'adonner à la peinture, — « *Mon fils ne veut-il pas se faire peintre!* — s'écria celui-ci, — *Je ne serais pas surpris qu'il voulût, un jour, se faire comédien?* »

Ce jour arriva en effet : — le jeune Victor se rendit à Paris pour consulter Larive, retiré du théâtre, depuis douze ans, par suite des amers dégoûts dont l'avait abreuvé une rivalité envieuse. — Il récita devant lui plusieurs scènes; l'émule de Lekain lui trouva des dispositions, mais le détourna fortement d'une car-

---

(1) Mademoiselle Maillard débuta au Théâtre-Français le 11 juin 1808, par le rôle d'Hermione, et mourut d'une maladie de poitrine, le 27 janvier 1813.

rière dont il avait connu toutes les traverses. — « *Si vous n'aviez pas d'autres ressources, lui dit-il, je vous engagerais à persister dans votre résolution ; mais votre éducation doit vous éloigner du théâtre et ne vous permet même d'y réussir qu'aux dépens de votre repos et de votre bonheur. J'ai deux fils ; j'aimerais mieux les voir périr que les voir monter sur un théâtre.* » — Mais Larive avait reconnu au jeune postulant les moyens de se distinguer dans la carrrière dramatique, c'en était assez pour le rendre sourd à ses conseils.

Impatient de mettre à l'épreuve la bonne opinion de son juge, et pénétré de plus en plus du sentiment de sa vocation, P. Victor se rendit à Rouen pour offrir au directeur du théâtre d'y donner quelques représentations. Celui-ci, après l'avoir entendu, lui tint un langage également sage : « *Pour un pareil état*, lui dit-il, *il faut avoir un goût bien prononcé, il faut ne pas avoir d'autres moyens d'existence. Vous avez d'ailleurs beaucoup à travailler ; et vous ferez bien, avant de vous hasarder ici, de vous essayer sur un théâtre d'un ordre inférieur.* »

Sans se rebuter, l'aspirant dramatique tourna ses regards vers une autre ville. Il venait d'être attaché à la direction des contributions de la Somme ; et, à son arrivée à Amiens, ce fut le directeur du théâtre qui eut sa première visite. Mais là, l'état de la troupe ne permettait pas d'accepter ses offres. Désespéré, P. Victor quitte un jour son bureau, revient à Paris et se présente au Conservatoire, pour en suivre les cours jusqu'à ce qu'il lui soit possible de monter sur la scène.

Ses parents ne tardèrent pas à être informés de ses équipées ; ils en furent désolés. On ne voit pas encore, en province, l'état d'acteur avec autant de tolérance qu'à Paris. — « *Toi, te faire comédien*, lui écrivait sa mère, *embrasser le plus vil et le plus méprisable des métiers ! La honte et le déshonneur dont tu veux te courrir hâteront infailliblement la fin de mes jours !*

Son père, de son côté, pour le faire changer de résolution,

lui adressa, par l'intermédiaire d'un de ses amis, médecin distingué de la capitale, plusieurs lettres qui devaient lui être remises au fur et à mesure que besoin serait. — Dans la première, comptant encore sur *ses bons sentiments et sur sa raison*, il l'invitait à renoncer sur-le-champ à son projet. Dans la seconde, il lui déclarait qu'il ne pouvait plus voir en lui qu'un fou qu'il était urgent de traiter comme tel; et il le prévenait qu'il allait le faire enfermer dans une maison de santé jusqu'à sa complète guérison. Une troisième lettre lui était réservée pour le cas où les deux premières eussent été sans effet; il y était traité de fils dénaturé, et l'on paraissait prêt à se porter contre lui aux dernières extrémités.

De telles dispositions jetèrent P. Victor dans le découragement. Le désespoir de ses parents l'affligeait. Effrayé de tous les obstacles qu'il voyait s'opposer à ses desseins, sans moyens de continuer son apprentissage théâtral, il se soumit à la nécessité et retourna à Amiens. Mais bientôt sa passion reprit le dessus; tous ces contre-temps n'avaient fait que l'accroître. Elle se ranima à l'espoir de voir le succès justifier son entreprise, et une circonstance favorable vint même en hâter l'exécution.

Un décret impérial (1), rendu à Moscou par Napoléon, venait d'instituer au Conservatoire, en faveur de l'art théâtral, un pensionnat d'élèves internes; un examen était annoncé pour les jeunes gens qui aspiraient à y être admis. Victor s'empressa de répondre à cet appel, et accourut se présenter; son admission le mettait à l'abri des poursuites de sa famille. Il fut reçu à l'unanimité; mais son triomphe ne devait pas être de longue durée; car, peu de jours après, un recrutement autre que celui d'une troupe d'apprentis comédiens fut décrété. L'Empereur, voulant atteindre la haute aristocratie financière, avait

---

(1) Ce décret, daté du 15 octobre 1812, portait : « Il y aura à notre Conservatoire impérial dix-huit élèves pour notre Théâtre-Français, neuf de chaque sexe. »

institué une garde d'honneur par un décret qui portait que tous les fils des chefs d'administration étaient appelés à en faire partie. P. Victor s'en inquiéta peu ; les pensionnaires du Conservatoire étaient exempts de service militaire, et il se flattait même de voir ses parents trouver dans cette exemption un motif de se consoler de sa vocation ; mais la lettre suivante, accompagnée d'un extrait du sénatus-consulte et du décret impérial relatifs à l'organisation des gardes d'honneur, vint bientôt troubler sa sécurité.

« .....Vous n'ignorez sûrement pas, monsieur, que vous êtes du nombre des jeunes gens qui doivent concourir à la formation de l'un de ces corps d'élite et sur qui le décret ordonne de faire frapper ses désignations. — J'ai l'honneur de vous prévenir que le délai assigné par la loi, pour former le contingent du département, est sur le point d'expirer ; et que les seules exceptions qui seront désormais admises n'auront pour objet que le défaut de taille ou une faiblesse évidente. »

Baron AUVRAY, *préfet de la Sarthe.*

Malheureusement pour Victor, son admission au Conservatoire n'était pas encore signée du ministre ; toutefois le directeur le rassura en lui disant qu'elle venait de lui être soumise ; il adressa même au préfet une attestation ainsi conçue :

« Le directeur du Conservatoire impérial de musique et de déclamation certifie que M. Victor L....., élève de l'école de déclamation, après avoir été désigné par le comité d'enseignement comme aspirant au pensionnat et réunissant les qualités requises, vient d'être présenté par moi à la nomination de S. E. le ministre de l'intérieur pour remplir une des neuf places de pensionnaires créées dans le Conservatoire par le décret impérial en date du 15 octobre 1812. »

Motifs qui ont déterminé le choix du comité : « De l'intelligence, de l'âme, de la sensibilité, de l'expression tragique ; bon organe, dit avec bon sens. Avec tous ces avantages il a des défauts, mais l'étude doit les détruire. »

Paris, le 5 mai 1813.

« SARRETTE. »

Cette communication fut aussitôt transmise au père de Victor. Déjà ce dernier avait cru devoir l'informer de son admission et des avantages qu'il y trouvait, « *bien faits*, lui écrivait-il, *pour compenser la honte injuste et vaine attachée à la carrière théâtrale*. Voici la réponse qu'il reçut :

« Vous en imposez lorsque vous dites que S. E. le ministre de l'intérieur vous a accordé une place de pensionnaire au Conservatoire. Ce ministre a eu la bonté de me rassurer, en me donnant la certitude que vous ne serez pas admis et que vous ne serez pas détourné de la carrière qui vous est ouverte par la formation de la garde d'honneur.

« D'un autre côté, j'ai écrit à M. le comte Réal, conseiller d'état chargé d'un des quatre arrondissements de la police générale, et il doit vous mander, si déjà il ne l'a fait, pour vous ordonner de partir de suite par une route dont vous ne pourrez vous détourner, pour arriver ici à un jour marqué. Toutes les mesures sont donc prises pour qu'il vous soit impossible de ne pas répondre à la voix de l'honneur.

« Vous voyez par cet exposé que je ne pense pas avec vous qu'il y ait quelque chose au monde qui puisse compenser la honte, et que j'ai tout fait pour que nous n'ayons plus à rougir; au reste, je me flatte que, revenu bientôt de vos longues erreurs, vous cesserez d'attenter à mes jours en me causant des chagrins auxquels je succomberais s'ils étaient prolongés davantage, et que vous vous comporterez dans la carrière honorable qui est ouverte devant vous de manière à recouvrer ma tendresse. »

La lecture de cette lettre plongea le malheureux Victor dans la consternation; un instant, il se plut à croire qu'on voulait l'effrayer ou que du moins les choses n'étaient point encore aussi avancées qu'on le disait; mais bientôt il apprit de M. Sarrette lui-même que tout ce qu'on lui annonçait n'était que trop vrai, que le ministre avait reçu la lettre de son père, la veille du jour où la liste des pensionnaires avait été présentée à sa signature, et qu'il en avait aussitôt rayé son nom.

Le lendemain, ces tristes renseignements furent confirmés par un ordre du préfet de police, qui enjoignait à Victor de se rendre au Mans dans le délai de cinq jours. Il courut supplier le ministre de ne pas l'arracher à un art dans lequel on l'avait jugé capable de se distinguer; mais ce fut en vain. « *Votre père ne le veut pas*, lui répondit M. de Montalivet ; *à Dieu ne plaise que j'enlève un fils à son père!* »

P. Victor voyait ses plus chères espérances s'évanouir, il voyait fuir le brillant avenir qu'il s'était promis. Ce coup imprévu fit en lui une révolution qu'accompagna un violent accès de fièvre. Il gardait le lit, et le délai qui lui avait été fixé venait d'expirer, lorsque deux agents de police se présentent un matin devant lui et l'invitent à se lever pour les suivre à la préfecture.

Interrogé sur le motif pour lequel il ne s'était pas rendu à l'ordre qu'il avait reçu, Victor devait croire que l'injonction de partir immédiatement allait s'en suivre, mais la police ne se pique pas d'être si conséquente. Pour joindre la correction à l'avertissement, on lui annonça qu'une place allait d'abord lui être assurée à la diligence, et ce fut sous les verroux qu'on le pria de l'attendre. Huit jours de détention lui furent imposés, sans doute afin de lui laisser le temps de rétablir sa santé et le loisir de méditer sur le danger de courir les hasards des héros de la scène.

Victor est cité dans la *Suite du Mémorial de Sainte-Hélène* comme un exemple de l'avantage que la création de la garde d'honneur offrit aux pères de famille, en leur fournissant un moyen honorable d'arracher leurs fils *aux désordres d'une jeunesse orageuse*. L'auteur a été mal informé en comprenant le jeune Victor dans cette catégorie, et en le représentant comme livré dans Paris à la dissipation et aux dangers d'une société pernicieuse, puisqu'il s'en trouvait au contraire préservé par l'étude de l'art qui absorbait toutes ses pensées.

A peine arrivé au Mans, le pauvre prisonnier fut équipé et dirigé sur Tours, pour être incorporé dans le 3e régiment des gardes d'honneur. Après quinze jours d'exercice, son escadron reçut l'ordre de rejoindre l'Empereur à Mayence ; le futur tragédien partit en compagnie de Corneille, de Racine et de Voltaire dont les œuvres remplissaient son porte-manteau. L'Empereur passa en revue ses soldats improvisés, aussitôt leur arrivée, et se montra content de leur tenue ; le lendemain ils avaient passé le Rhin.

Une rencontre, plus rude pour le jeune héros tragique que celle de l'ennemi, l'attendait dès son entrée en campagne : elle dut le saisir d'une poignante émotion et réveiller en lui de douloureux souvenirs. A quelques lieues d'Erfurt, viennent à passer entre les deux rangs de son escadron trois voitures de poste qui retournaient en France : qui reconnaît-il dans les voyageurs qui les occupaient ? les têtes couronnées au destin desquelles il avait été à la veille d'unir le sien : c'étaient *Agamemnon*, *Pyrrhus*, *Iphigénie*, *Hermione*, tous les princes et princesses de la rue Richelieu que l'Empereur avait fait venir en Allemagne pour représenter nos chefs-d'œuvre nationaux devant son *parterre de rois*.

P. Victor fit une partie des campagnes de Dresde et de Leipsig. A Torgau et à Mayence, après les sanglantes défaites qui y ramenèrent les débris de notre armée, il assista à ce long spectacle de désolation qu'entraîne à sa suite un immense désastre ; il dut y trouver de grandes scènes d'étude.

La fièvre nerveuse qui décimait alors nos rangs l'atteignit ; il allait se voir obligé d'entrer à l'hôpital de Mayence, où l'épidémie exerçait d'affreux ravages, et il y eût probablement augmenté le nombre des victimes de ce fléau si l'hospitalité des amis qu'il avait dans cette ville ne fût venue à son secours.

A peine rétabli, il reçut l'ordre de rejoindre son régiment ; mais, sur les instances des personnes à qui il devait son salut, le commandant de place lui accorda une feuille de route pour son dépôt établi à Tours, avec la permission de passer par Paris.

P. Victor en profita pour faire valoir ses droits à son admission au Conservatoire. Il alla se présenter à cet effet à M. de Remusat, surintendant des spectacles ; mais le chambellan impérial n'était pas homme à oser prendre sur lui de soustraire qui que ce fût au service militaire.

P. Victor eut bientôt dépassé son congé ; il se trouvait à Paris sans permission, et sa famille était au courant de ses démarches. — « Votre père, lui écrivit-on, ne peut supporter l'idée de vous
« voir au théâtre ; il vous plaint de votre obstination ; mais tant
« qu'il vivra il se promet bien de vous en fermer l'entrée. Il m'a
« dit qu'il emploierait la police, que ce moyen lui répugnait,
« mais qu'avec vous il n'en connaissait point d'autres...... Ainsi
« tenez-vous sur vos gardes. »

En effet, peu de jours après, P. Victor faillit être arrêté de nouveau par deux agents de police qui l'attendaient à quelques pas de sa demeure. Il trouva un refuge dans la famille du général Maison, qui jouissait alors d'un grand crédit. Pour l'engager à supporter plus patiemment l'état militaire, celui-ci chercha à le faire passer comme sous-lieutenant dans son état-major, et commença par lui faire obtenir une prolongation de séjour ; elle était de très courte durée ; il fallut en demander une nouvelle, et voici en quels termes elle lui fut accordée par le sévère comte Hullin, commandant de Paris.

17 janvier 1814.

« J'accorde volontiers encore huit jours au garde d'honneur
« VICTOR LEREBOURS pour rester à Paris ; mais, si à l'expiration de
« cette permission, la sous-lieutenance qui a été demandée en sa
« faveur à son Excellence le ministre de la guerre ne lui est point par-
« venue, il sera obligé de retourner à son corps, sous peine d'être
« déclaré DÉSERTEUR. »

P. Victor avait profité de ce délai pour tenter une dernière fois d'obtenir sa libération ; il avait eu recours à la haute protection de la reine Hortense qui aimait les arts et qui voulut bien appuyer sa demande auprès du ministre de la guerre. Mais avant d'y faire droit, le ministre voulut consulter son collègue de l'intérieur, et savoir s'il était disposé à admettre le jeune Victor au Conservatoire; celui-ci répondit que son admission était subordonnée à son licenciement. Le ministre de la guerre déclara que le licenciement dépendait de l'admission. Après avoir été promené pendant un mois d'un ministère à l'autre, P. Victor reçut du ministre de la guerre une décision portant que, d'après les renseignements qui avaient été transmis aux bureaux de la guerre, sa désignation sur les contrôles de la garde d'honneur était irrévocable.

Il fallait que Victor se résignât et prît le parti de renoncer à un état que sa destinée paraissait vouloir lui interdire, lorsque les événements de 1814 en décidèrent autrement. La France venait d'être envahie par les puissances coalisées. Un des premiers actes du gouvernement que nous avait ramené l'étranger fut de licencier la garde d'honneur, et le congé que Victor avait en vain sollicité lui fut inopinément imposé!

II.

La Restaurat'on et les menus-plaisirs. — Désorganisation du Conservatoire. — Enterrement de mademoiselle Raucourt. — Part de Pierre Victor à cet événement. — Mademoiselle Oldfield; ses obsèques. — Retour de l'empereur. — Reprise des exercices publics du Conservatoire. — Les professeurs et les élèves. — Lettre de Pierre Victor sur cet établissement. — Plan de Saint-Prix. — Leçons de Larive et de Laignelot. — Décret des Cent-Jours qui exclut les comédiens de l'Institut. — Réclamation de Pierre Victor. — Polémique avec les journaux. — Les sifflets. — MM. Villemain; Royer-Collard; Dupuytren; Amilhau; etc., etc. — Lully. — Lettres-patentes de 1672. — Fleury et M. de Rémusat.

Quoique libre, l'aspirant dramatique était encore loin d'avoir atteint son but. Il lui restait encore de pénibles épreuves à soutenir, d'amers découragements à essuyer. Des entraves d'un autre genre vinrent retarder son entrée dans la carrière qui avait paru pouvoir enfin s'ouvrir devant lui. Le nouvel ordre de choses ne lui était guère plus favorable que le régime militaire de l'Empire. Le théâtre, qui de tout temps fut le principal organe du progrès en civilisation et en politique, ne pouvait trouver beaucoup d'appui dans la Restauration, et l'enseignement public de l'art théâtral devait être fort peu de son goût. Le Conservatoire, d'origine révolutionnaire, avait secondé l'élan national en exaltant les sentiments patriotiques par la puissance du chant ; aussi fut-il presque entièrement désorganisé. Le pensionnat de musique et celui de déclamation furent supprimés, et les membres de l'administration se virent expulsés pour faire place à M. l'intendant des menus-plaisirs et à sa suite. Victor ne pouvait plus suivre les cours restreints de cet établissement que comme externe et sans secours du gouvernement. Abandonné de sa famille, il lui fallut une courageuse persévérance et une ferme confiance dans son avenir pour supporter cette difficile position.

Journellement la tendance réactionnaire du nouveau pouvoir perçait dans l'empressement de ses partisans à ramener les abus de l'ancien régime. — La scène tragique venait de perdre dans mademoiselle Raucourt un de ses plus fermes soutiens (1). Le curé de Saint-Roch, qui avait été naguère vivement admonesté par l'Empereur pour avoir refusé l'entrée de son église aux dépouilles mortelles d'une danseuse de l'opéra (mademoiselle Chameroy), voulut prendre sa revanche en l'interdisant aussi à la célèbre tragédienne (2). En vain d'instantes prières et de vives représentations lui furent adressées de toutes parts pour l'engager à prévenir le trouble que son refus menaçait d'exciter. « *Le moment est venu*, répondit-il avec fierté, *de remettre en vigueur les canons de l'Église, et je périrai plutôt que d'enfreindre les ordres du chapitre métropolitain.* » Cette opiniâtreté souleva le public, rassemblé en foule aux abords de Saint-Roch et de la maison mortuaire. Dans l'état de fermentation auquel étaient livrés les esprits, quelques cris d'excitation commençaient déjà à se faire entendre. Plusieurs *comédiens français*, qui sui-

(1) Morte le 15 janvier 1815.
(2) La célèbre mademoiselle Oldfield, morte en 1730 à Londres, fut enterrée dans l'abbaye de Westminster ; elle avait été exposée pendant deux jours sur un magnifique lit de parade. Ses obsèques se firent avec autant de pompe et de décence que si, pendant sa vie, elle eût été un des personnages qu'elle n'avait fait que représenter.
Le drap mortuaire qui couvrait son cercueil fut porté par six personnes de la plus haute distinction, dont étaient le lord de Lwar et le lord Harley. Le doyen du chapitre de Westminster officia à la cérémonie.

vaient le convoi en habit de garde national, et notamment Talma, vivement blessés de l'affront qu'ils recevaient dans la personne de leur camarade, se disposaient à faire, le lendemain, leur soumission respectueuse au roi, et à se retirer. Victor mit plus d'emportement dans son indignation; réuni à plusieurs autres jeunes élèves du Conservatoire, il fit arrêter le convoi, déjà dirigé par la police vers le cimetière, et amena le public à faire entrer le cercueil de vive force dans l'église, que la foule envahit en un instant. Cette scène scandaleuse, produite par la seule intolérance du clergé, était près de se transformer en un événement politique qui eût pu avoir des suites graves, si l'autorité n'eût eu le bon esprit de céder au vœu du public. A peine le cercueil fut-il entré dans l'église que des ordres de Louis XVIII arrivèrent pour qu'il fût rendu à mademoiselle Raucourt les honneurs funèbres dus à tous les chrétiens.

P. Victor publia un récit détaillé de cet événement, sur lequel les journaux gardèrent un silence presque absolu ; s'élevant dans cette notice à des considérations d'une saine philosophie, il y déploie une chaleureuse colère contre les instigateurs de ce scandale. — « Comment, s'écrie-t-il, dans un état civilisé, des prêtres peuvent-ils réprouver ce que les magistrats permettent! Comment, sous le même gouvernement, la religion frappe-t-elle d'anathème une profession que la loi tolère ! Jamais cette excommunication (1) n'a été autre chose qu'un usage introduit en France par le clergé français. Mais, fût-elle prononcée par le pape lui-même, jamais elle n'a été reconnue par notre législation. Et peut-on se persuader que des peines infamantes, lancées dans des temps de barbarie contre de vils bateleurs, soient applicables de nos jours aux artistes du Théâtre-Français ! »

Nous nous bornerons à joindre à cette citation le passage où il dépeint la nature du talent de Mlle Raucourt, comme se ratta-

---

(1) Elle n'existe pas à Rome.

chant plus particulièrement au caractère de cette publication.

« Sans s'être élevée au rang des Duménil et des Clairon, Mlle Raucourt possédait des qualités d'autant plus précieuses, qu'elles sont plus rares aujourd'hui. Sa perte laisse un grand vide au théâtre, et il se passera peut-être bien des années avant qu'elle soit réparée. Le talent ne suffit pas pour bien remplir son emploi, il faut encore y joindre une grande habitude de la scène.

« Sa voix était devenue sèche et dure, son âme manquait d'expansion ; elle parvenait rarement à toucher, mais elle se distinguait par un aplomb et une aisance extraordinaires, par une entente parfaite de la scène, par une intelligence profonde et une dignité admirable. Si elle faisait verser peu de larmes, elle excitait toujours l'étonnement et l'intérêt. Moins remarquable dans les rôles sensibles et pathétiques, elle excellait dans le genre héroïque. Son talent était plutôt dans son esprit que dans son âme. Elle raisonnait plus qu'elle ne sentait, mais elle était parvenue, à force d'art, à atteindre la nature. Il était difficile de mieux parler la tragédie. Elle avait trouvé le secret de la rendre tout à la fois naturelle et noble. On se rappelle encore le caractère imposant qu'elle imprimait aux rôles d'*Agrippine*, de *Cléopâtre* et d'*Athalie*. Elle était sublime dans *Léontine* : il n'était pas possible d'y produire plus d'effet avec moins d'effort.

« Aucune actrice n'a obtenu, dès son entrée dans la carrière, un succès plus brillant ; son apparition sur la scène française excita un enthousiasme général ; sa beauté et sa jeunesse donnaient alors un charme de plus à son talent naissant. Elevée à l'école de Lekain et de Clairon, mademoiselle Raucourt était presque la seule actrice qui observât encore les principes et les traditions de ces grands maîtres. Elle vit sa fin approcher avec tranquilité. « *J'en suis*, disait-elle, *à la dernière scène.* » Elle ne prévoyait pas le rôle qu'il lui était réservé de jouer encore après sa mort. »

Six semaines après cet événement, les Bourbons avaient de nouveau quitté la France; Napoléon y était rentré, et avec lui l'espoir de voir renaître un ordre de choses plus conforme à l'esprit du siècle. Le Conservatoire fut replacé sur ses anciennes bases, et les exercices publics furent repris. P. Victor s'y fit remarquer. Il remporta au concours le prix de tragédie, et obtint du gouvernement une pension de neuf cents francs. Il avait pour condisciples Eric Bernard, David, Perlet, Samson, Raymond, élève de prédilection de Talma, enlevé à l'art théâtral à la fleur de l'âge, et plusieurs autres sujets qui ont prouvé que cet établissement n'a pas toujours été tout-à-fait aussi stérile qu'on l'a prétendu. Victor suivit plus particulièrement les leçons de Saint-Prix, qui se plut à cultiver ses heureuses dispositions, en les maintenant avec soin dans leur tendance à éviter une imitation servile.

Le Conservatoire, conformément au décret de Moscou, renfermait six classes de déclamation, dont une pour la déclamation lyrique, confiées à Saint-Prix, Talma, Saint-Phal, Lafon, Michelot et Baptiste aîné; on y avait joint une classe de langue française et une classe de danse et de placement de corps; on y avait aussi établi un cours d'histoire et de littérature applicable à l'art dramatique. Tout cela était fort bien, mais il y manquait, comme aujourd'hui, la chose la plus essentielle, un théâtre où l'élève pût mettre en pratique les leçons du maître; car des exercices qui consistent à répéter quelques scènes détachées ne sauraient suppléer à des représentations réglées. Ces fragments de pièces débités en plein jour et en habit bourgeois, ces simulacres de représentations ne peuvent guère exercer que la mémoire des élèves.

« Les professeurs du Conservatoire, écrivait Victor à un de ses amis, sont des hommes de talent et d'esprit, ils ont de l'instruction et raisonnent bien de leur art; mais ils portent peu d'intérêt à ses progrès et se montrent peu soucieux d'avoir des successeurs; plus occupés d'obtenir du succès sur la scène que du soin de former des élèves, ils font leurs cours sans soin et sans méthode, et tiennent leurs classes avec une négligence qui m'en a plusieurs fois éloigné. Leur mode d'enseignement ne peut guère produire que des copistes, et je crois que je me tiendrais vainement en garde contre le danger de le devenir, si je suivais leurs leçons encore longtemps.

« Voulez-vous savoir comment se fait une classe du Conservatoire ? D'ordinaire le professeur commence par raconter quelque anecdote théâtrale, à laquelle il est rarement étranger, et où il ne joue pas le rôle le moins flatteur; puis un élève ouvre la séance en demandant à répéter ; il monte sur une estrade, dressée au fond de la salle; un camarade lui donne la réplique, à demi-voix et le livre à la main. Privé de tous les avantages qui soutiennent l'acteur à la scène, il voit d'un côté ses condisciples causer, de l'autre son professeur distrait porter son attention sur Zaïre ou sur Dorine. « *Pénétrez-vous de la situation,* » est un des premiers avis qu'il reçoit. Quelquefois l'élève abandonné à lui-même parvient à entrer dans l'esprit de son rôle, il met dans son jeu de la chaleur, de l'entraînement ; mais alors le maître l'arrête. « *Respirez, ménagez-vous!* » L'élève interrompu respire si bien que tout son feu s'éteint; il devient froid, embarrassé, et se voit contraint de renoncer aux impulsions de son âme pour ne plus écouter que la voix de son précepteur.

« Si celui-ci est en verve, en train de discuter et de pérorer, il entrera dans de longues et oiseuses explications, entassera raisonnement sur raisonnement et paraîtra plutôt démontrer les règles d'une science analytique que discourir sur un art d'inspiration; ou bien, joignant l'exemple au précepte, il astreindra l'élève à prendre son ton, à adopter ses gestes et son maintien, et il lui fera recommencer un vers jusqu'à ce qu'il y soit parvenu; plus vous approcherez de sa manière, plus il se montrera satisfait; mais si vous vous avisez d'être vous, de suivre votre naturel et de prendre vos accents dans votre âme, comptez peu sur son approbation et sur ses encouragements.

« Saint-Prix est le seul qui n'astreigne pas à l'imiter, et c'est surtout pour cela que je me suis attaché à lui ; il a la bonne habitude de laisser aller et de réserver ses observations pour la fin des scènes ; mais il faut convenir aussi qu'il est quelquefois trop sobre d'avis. Quant à Talma, il fait sa classe fort rarement, et je n'ai encore eu l'avantage de répéter avec lui que deux fois. En définitive ces messieurs, lorsqu'ils veulent s'en donner la peine, donnent de très bons conseils, et l'élève qui serait assez adroit pour observer ce qu'ils disent et ne pas toujours imiter ce qu'ils font en retirerait assurément beaucoup de fruit. Qui pourrait ne pas approuver M..... quand il recommande d'éviter la manière et l'apprêt, L..... quand il s'écrie : Ne chantez pas la tragédie, et B..... lorsqu'il avoue que rien n'est plus insupportable qu'une déclamation nazillarde?...

Saint-Prix, homme consciencieux, sincèrement animé du désir de former des sujets, voulait que le Conservatoire devînt une sorte d'école pratique, où l'élève apprît surtout à mettre ses rôles en scène et en action ; il avait demandé qu'on y *montât* nos chefs-d'œuvre dramatiques en entier ; il voulait aussi que chaque professeur eût ses élèves et que ceux-ci ne suivissent pas indistinctement toutes les classes ; mais tous ses efforts pour obtenir ces indispensables améliorations, sous la Restauration comme depuis, ont été inutiles. Pour cela faire, il eût fallu que ses collègues missent la même bonne foi dans l'accomplissement de leurs fonctions ; or, espérez ce dévouement, cette abnégation de comédiens en exercice ! obtenez de messieurs les sociétaires privilégiés du Théâtre-Français qu'ils s'appliquent à se donner des rivaux ! Tous leurs soins, toutes leurs intrigues tendent au contraire à les étouffer (1). »

(1) Mademoiselle Rachel a pu prendre d'emblée une position élevée dans la tragédie française, parce que la place était vacante.
Si Joanny et Desmousseaux eussent eu dix ans de moins, Guyon attendrait encore son

Idolâtre de son art, Victor ne se bornait pas à l'étudier au Conservatoire, il allait encore recueillir les avis précieux de Larive, qui se plaisait à lui donner des encouragements; il prenait aussi conseil d'un littérateur distingué, habitué de l'ancienne comédie française, du conventionnel Laignelot (auteur d'*Agis*, tragédie jouée avec assez de succès à Versailles en 1779, puis à Paris en 1782) (1). Laignelot avait fréquenté Lekain et plusieurs autres acteurs célèbres dont le jeu était encore présent à son souvenir, et il disait lui-même fort bien les vers.

Mais Victor sentait tout ce que ces avis avaient d'insuffisant; c'est sur un théâtre et devant le public qu'il éprouvait le besoin de s'exercer. Il attendait surtout avec impatience le moment de se montrer sur la grande scène, et il ne voyait pas sans inquiétude le peu d'empressement que ses maîtres de l'École royale mettaient à favoriser ses désirs. — Faute de théâtre où il pût se livrer à son ardeur dramatique, c'est dans les journaux qu'il l'épancha. Rien ne lui paraissait si beau et si noble que l'état de comédien, rien de si glorieux que le talent d'un grand acteur. C'était de bon augure pour son avenir. Il faut se faire une idée élevée et même exaltée de son art pour s'y distinguer.

Pendant les Cent-Jours, parut un décret impérial qui augmentait le nombre des membres de la classe des beaux-arts à l'Institut. L'Institut est ouvert aux peintres, aux architectes, aux musiciens, aux graveurs, mais il est fermé aux artistes dramatiques. P. Victor trouva cette exclusion injuste, et il adressa une lettre aux journaux pour s'en plaindre.

« Par quels motifs, dit-il, les comédiens seraient-ils exclus de l'Institut? resterait-il encore aujourd'hui quelques traces du

admission; vienne maintenant un Baron, un Saint-Prix, un Molé, un Larive, un Talma : il devra attendre que MM. Ligier, Beauvallet et Guyon prennent leur retraite ; jusque là on lui permettra de jouer, en qualité de pensionnaire, les rebuts de ces messieurs. Et l'on s'étonne de la pauvreté de sujets dans un théâtre ainsi organisé !

(1) C'est dans cette pièce que Larive porta les premières tuniques grecques et montra pour la première fois le vrai costume spartiate dont on a attribué l'introduction à Talma. Laignelot est mort à Paris en 1829, à l'âge de 79 ans.

Documents manquants (pages, cahiers...)
NF Z 43-120-13

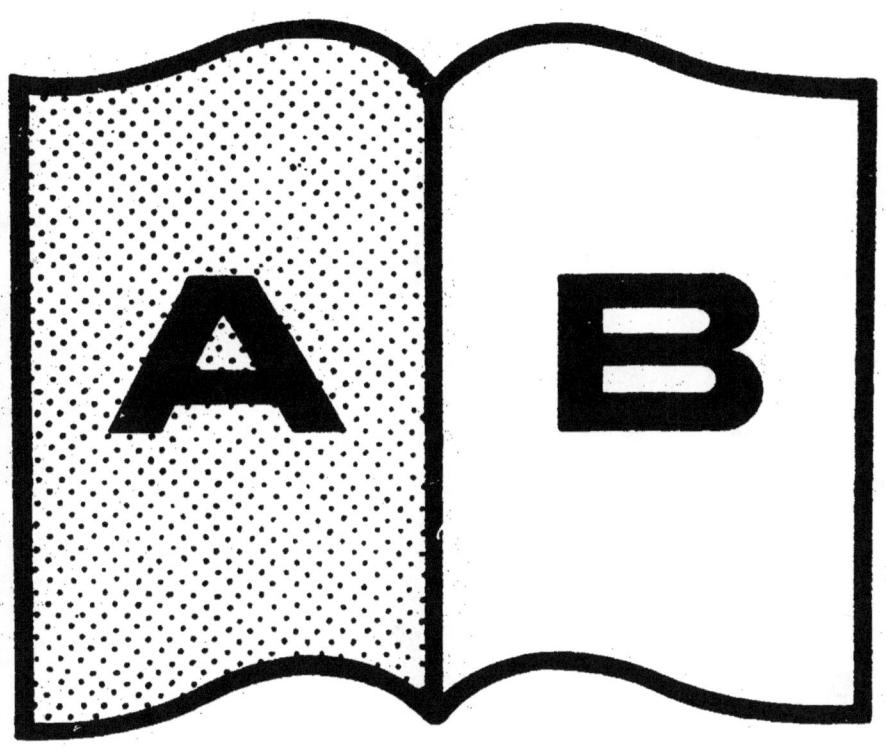

Contraste insuffisant

NF Z 43-120-14

www.ingramcontent.com/pod-product-compliance
Lightning Source LLC
Chambersburg PA
CBHW060727050426
42451CB00010B/1657